Date with Destiny

運命の約束

生まれる前から決まっていること

アラン・コーエン
Alan Cohen
穴口恵子【訳】
Keiko Anaguchi

きずな出版

はじめに

奇跡の人生に生まれ変わる

人はだれも、幸せになるために生まれてきました。
それなのに、それを感じられないときがあります。
そうとは信じられないときがあります。

だれもが、自分の人生がうまくいくようにと願っています。
けれども、何もかもが、うまくいっているという人は多くはありません。
ほとんどの人が、なにかしらのつらいことや、うまくいかないことを抱《かか》えています。
だれからも幸せに見えるような人も、例外ではありません。

ところで、あなたの人生にＯＫを出すのは、だれでしょうか。

あなたをこの世に生んでくれた親でしょうか。
あなたとともにいるパートナーでしょうか。
あなたを雇《やと》っている会社でしょうか。あるいは、そこにいる上司や先輩でしょうか。
あなたに教えた、あるいは教えている学校の先生でしょうか。
あなたのいちばん身近にいる友達や仲間でしょうか。
あるいは、あなたのまわりの「世間」や「世の中」でしょうか。

私たちは、だれもが幸せになるために生まれてきました。
でも、私たちの人生には、うまくいかないことが付きものです。何もかもがうまくいくようにと願いながら、そうならないことも起きるのが人生です。

だから、人は幸せになれない。そう決めて、いいでしょうか。

人生には、いいことも起きれば、悪いことも起きます。
それをすべて、含んで、あなたの人生があります。
そして、それに対してＯＫを出すのは、あなたの親でもなければ、パートナーでもない。職場の上司や先輩でもない。学校の先生でも友達でもなく、ましてや「世間」や「世の中」でもありません。

あなたの人生にＯＫを出すのは、ほかでもない、あなた自身です。

もしも、いま自分の人生にＯＫを出せていないとしたら――。
それは、あなたが「目的」を見失っているからではないでしょうか。

生まれてきた目的とは

人はみな、「目的」をもって生まれてきました。

その「目的」とは、「幸せでいること」。そして、「さらに幸せになること」。

この二つです。

けれども私たちは、生まれたあと、眠ってしまうんです。

そして、目的を忘れてしまう。

生まれてきた目的を忘れて、「コース」から外《はず》れてしまう。

「コース」というのは、自分の生まれてきた目的を生きる道なのですが、ここに、ほとんどの人が理解できない「秘密」があります。

その秘密とは、「コースから外れてしまう」ということすらも、人生の旅路のなかに含まれている、ということです。

自分が進もうと思っている道に、大きな石が置かれていたら、あなたは、どう思うでしょうか。

「この石があるために、前に進むことができない。自分は、なんて不運なのだろうか」と嘆《なげ》く人もいるでしょう。「この石が道を邪魔《じゃま》するなら、自分はこれを越えてみせる」と奮起《ふんき》する人もいるでしょう。

どちらも、この石を自分の人生を妨《さまた》げるものと思っていることでは同じです。

自分の前に立ちはだかる「問題」は、自分のコースから、自分を外すものだと考えてしまうのです。

けれども、じつは、そうではありません。

あなたの前にある石＝問題は、あなたをコースから外すものではなく、あなたのコースにある飛び石のようなものです。

石があることは、けっして問題ではありません。ましてや、それで人生が終わることなどないのです。

石があるなら、それを飛び越えたり、ときには踏み外したり、あるいは、それにつまずいたりすることがあっても、それでいいのです。

それも含めて、あなたのコースが、そこにあります。

自分の進もうと思っている道の邪魔になると思っている、それもまた道である、ということです。

奇跡の扉が開かれるとき

ラム・ダスを知っていますか。

私の大切な友人であり、地球上でもっとも愛にあふれたスピリチュアルな人間の一人で、『ビー・ヒア・ナウ―心の扉をひらく本』『ハウ・キャナイ・ヘルプ?―助け合うときに起こること』(ともに平河出版社)などの著作を出版しています。

彼は、「私たちはみな助けを必要とし、また助けができる人間である」ということをいっていますが、その言葉の通り、さまざまな支援活動を通して、何百万という人々を救ってきました。

たとえばインドでは、財団をつくって、白内障の手術を受けられるようにすることで、300万の人が失明にならずに済むようになったと聞いています。

それ以外にも、受刑囚のためのプロジェクト、死にゆく人のためのプロジェクトなどにも関わっていますが、まさに「奉仕の人生」を生きています。

世界であれほど純粋な人は、そうそういないと思います。

もう少し詳しく、ラム・ダスを紹介したいと思います。

彼は、1931年にアメリカのボストンで生まれました。本名はリチャード・アルパートといい、ハーバード大学の心理学部教授として60年代より意識の探究に取り組んでいました。60年代後半にインドに赴《おもむ》き、グル（導師《どうし》）であるマハラジ（ニーム・カロリ・ババ）と出会い、「ラム・ダス（神の僕《しもべ》）」という称号をもらっています。

約10年のアジア探究の後、アメリカに帰国。ニューエイジ・ムーブメントの火付け役となりました。

1997年、66歳のときに脳卒中で倒れ、身体機能の75パーセントを失いました。それから20年余り、いまも車いすの生活ですが、講演や支援活動に取り組むなど、奇跡的な回復を見せています。

先日も、一緒にセミナーをしたのですが、その日、彼はとても体調が悪かったのです。見るからに疲れているようで、顔色もよくありませんでした。

「大丈夫ですか」と声をかけると、彼は、「もちろんだよ」と答えましたが、私は内心、とても心配していました。

ところが、会場に着いて、まさにその扉が開かれた途端に、彼がみるみる元気を取り戻したのです。

なぜ、そんな奇跡が起こるのか。

それこそが、「生きる意味」を手にすることであり、その力だといえるでしょう。自分がやりたいことをやるパワー、自分のことを受け入れ、愛してくれる人と一緒にいるパワーが、人生に奇跡を起こすのです。

車いすの生活になったことは、普通であれば、不運なことだといえるでしょう。実際に、自分や家族が同じような状況で、つらい思いをしているという方もいらっしゃるかもしれません。

けれども、ラム・ダスは、そういう状態になったことで、自分のハートをそれまで以上に開かざるを得なくなりました。

すべてにおいて、自分をオープンにすることができたのです。

いま、彼は、純粋な愛の状態で生きています。

彼が見るものすべてが、愛なんです。

そして、「Grace」＝すべては「神の恵みである」ということをテーマに講演活動を続けています。

コースは自分で選択できる

すべては、神の恵みです。

この場合の神とは、特定の宗教でかぎられたものではありません。

偉大なるもの、宇宙そのものという言葉に置き換えられる「神」です。

いま、あなたが手にしているもの。
あなたがいる、その場所。
あなたを取り巻く人たち。
すべてが、神の恵みです。

ラム・ダスは、脳卒中という体験でさえ神の恵みとして受け入れ、それを活用して、
より幸せな状態へと近づいていきました。

ラム・ダスのような人だから、それができる。
あなたは、そう思うかもしれません。

たしかに、ラム・ダスの人生は、ラム・ダスのものです。

ラム・ダスに与えられたコースであり、それは、ラム・ダスが選択したコースだといえるでしょう。

人はだれも、幸せになるために生まれてきました。

そこに例外はありません。

その旅路に起きることは、あなたをコースから外させるためのものではありません。

そこで起きること、すべてが、あなたに与えられたコースであり、あなたが選択できるコースです。

それを楽しんでほしい。

そう願って、私は、本書を書き進めていきたいと思います。

■目次

第2章

居場所を探す
Find your Place

第3章

幸せを選択する

Touch your Heart

第4章

運命の波に乗る

Get your Chance

第5章

人生の舵をとる

Move your Future

第6章
過去生の意味を知る
Read your Story

第7章

自分の運命を信じる

Enjoy your Dream

運命の約束——生まれる前から決まっていること

Date with Destiny

第1章

希望を見つける

Know your Grace

不運が続くとき、私の何がいけないのでしょうか？

自分から不運、不幸を引き寄せている人とは？

気持ちだけがHappyになっても現実は変わらない。

現実を変えるには、どうすればいいですか？

あなたが対応できないような
チャレンジは来ない

「どうして自分は、こんな病気になってしまったんだろう」

「どうして、私の大事な会社が潰《つぶ》れてしまうんだ」

「どうして、夫は死んでしまったのか」

「どうして、私の子どもがこんな目にあわないといけないんだ」

人生には、思いも寄らない苦難に見舞われることがあります。

神様がいるなら、「神様はどうして、自分に、こんなつらいことを与えるのか」と恨《うら》みたくなるようなことがあるわけです。

「これも人生なんだ」と思えれば、たしかに楽ですが、それができないから苦しいのです。悲しいのです。そういうときに、私たちは、どうすればいいのでしょうか。

私はそうした悲しみや苦しみを、「人生の挑戦課題」と考えています。そして、その「挑戦課題」というのは、自分が解決できる範囲のものだけがやってきます。逆にいえば、対応できないようなチャレンジというのは、その人の人生には来ないということです。

なにか「困難」がやってきたら、
「あ、これは、自分が乗り越えられるものだ」
と、まずは信じることです。

それは、そう簡単なことではないでしょう。
その苦しみや悲しみが大きければ大きいほど、そうは思えないかもしれません。

とくに最初の頃は、問題が起こるたびに、「もう自分には耐えられない。お手上げです」となってしまうものです。

でも、子どもの頃のことを思い出してください。小学校3年生のときには難しかった算数の問題も、大人になったらラクラクと解《と》けるでしょう。

子どもの頃の算数の問題と、人生の問題とでは話が違う、という人もいるかもしれませんが、本当にそうでしょうか。

算数の問題も、人生の問題も、それと向き合うことをしなければ、いつまでたっても、解けないままになってしまいます。

問題は、その難易度《なんいど》で、解ける解けないが決まるのではありません。

いくら簡単な問題でも、放っておいたのでは、いつまでたっても、その答えは出ないのです。

どんな「挑戦課題」にも、向き合っていくことです。

そして、一歩一歩、それに対処していくと、いつのまにか、「挑戦課題」よりも、自分のほうが大きくなっていることに気づきます。

そうなるまでには時間がかかるかもしれません。でも、時間はかかってもいいのです。

忘れていけないのは、「乗り越えられない問題は人生には来ない」ということです。

それを信じるだけで、奇跡の人生が動き出します。

ファンタジーの世界は居心地がいい？

ある女性が、私のコーチングを受けに来たときのことです。

彼女は、パートナーが浮気をしていることで、とても落ち込んでいました。

「いまの状態から、なにかポジティブな意味を見つけられますか？」と聞いてみました。パートナーが浮気したことで、なにかよいことはなかったかを考えてもらったのです。

「いいことなんか、何もありません！」

彼女はきっぱり答えました。

「いや、もう一度、考えてみてください。この状態から、よい結果が生まれるとしたら、どんなことがあるでしょうか?」

「そうですね……。夫とは、より深いレベルの話し合いをするようになりました。お互いの気持ちについて話すことなんて、最近はないことでした。

このあいだも、二人の結婚生活で欠けているものは何かということについて、夫の考えを聞きました。私たちにとってはつらい体験でしたけれど、なんだか、夫と近づいた感じがします」

「それは今回の『ギフト』ではないでしょうか」

「そういわれてみれば、そうですね」

その女性は、自分の夫に「完璧な夫」を求めていたことがわかりました。

完璧な人間はいません。完璧でないから人間なんだということもできます。

「完璧な夫」を求めても、相手が生身の人間である以上、それは不可能だということは、少なくとも結婚生活を数年でも経験したことがある人なら、だれもが納得できるのではないでしょうか。

ところが、彼女は結婚生活に、ファンタジーを抱《いだ》いていたのです。夫のことを「私のナイト（騎士）よ」という彼女に、私は、こんなふうに指摘しました。

「あなたのナイトであるご主人の甲冑《かっちゅう》は、いまは穴があいてボロボロの状態です。もう彼はナイトじゃない。いままではファンタジーの結婚だったんです。それが、今回のことで、生身の人間である彼と結婚している状態になれたのです」

そのご夫婦は、生身の人間同士として、関係を構築しなおしたのです。

それをするきっかけが、夫の浮気だったわけです。

彼女にはつらい体験でしたが、二人が成長する出来事、成長せざるを得ない出来事になったわけです。

最初は、「もう、これで私の結婚生活はお終《しま》いだ」と考えたようです。こんなにつらいことはなくて、「私には手に負えない」と思ったそうですが、ご主人と向き合うことで、本当の問題と向き合うことができたわけです。

ファンタジーの世界は、居心地がいいものです。

ファンタジーの世界は、いつも晴れていて、暖かく、いいことしか起こりません。苛立《いらだ》ちや焦《あせ》りや嫉妬《しっと》のない世界。

それはたしかに夢のような世界ですが、私たちは生身の人間です。

怒りや悲しみ、憤《いきどお》りがないようにと願いながら、そうしたネガティブな感情にとらわれてしまう弱いものです。それを「ないもの」として、蓋《ふた》をしてしまうのではなく、それは「あってもいいもの」として、受け入れることです。

いいことだけでなく、悪いことも受け入れたうえで、「手に負えないこと」にもチャレンジしていくことです。

最悪の体験にも、よい面は見つけられる

「もう自分の手には負えない」

挑戦課題が目の前に来るたびに、私たちは、たいてい、ちょっと怯《ひる》みます。こんなに大変な問題はない、と考えるからです。

そうでなければ、「挑戦課題」とは認識されずに、それは、そのまま難なく通りすぎていくでしょう。だから、「挑戦課題」は、いつも大変なのです。

挑戦課題が目の前に立ちはだかるたびに、私たちは、「今回ばかりは乗り越えられないかもしれない」と悩みます。

けれども果たして、「挑戦課題」は、本当に大変なものでしょうか。

乗り越えられない課題は与えられないと、前でお話ししました。

だから、挑戦課題は、たとえどんなにつらく大きな問題であっても、必ず、乗り越えられるということは決まっているわけです。

その意味で、挑戦課題を恐れることはありません。


前で、ある女性が夫の浮気を乗り越えた話をしましたが、「挑戦課題」とは、問題をどう解決するかというより、それを自分の問題として、どうとらえるかということで、それを体験する意味が違ってきます。


どんなことにも、いいことずくめ、悪いことずくめということはありません。

どんなことにも、いい面もあれば、悪い面もあります。

前で紹介したラム・ダスは、「善と悪は幻想である」という話で、「馬を飼っていた農夫の話」を紹介しています。

「農夫の飼っていた馬が逃げて、お隣さんは『運が悪かったねぇ』といいます。

すると、農夫はいうのです。『それはどうかな』

次の日、逃げた馬が野生馬をつれて戻ってくると、お隣さんが『やあ、運がいいねぇ』といいます。

すると、農夫はいうのです。『それはどうかな』

しばらくして、農夫の息子が、その野生馬から落ちて、足を折ってしまいます。

それを見たお隣さんは『運が悪かったねぇ』といいます。

すると、農夫はいうのです。『それはどうかな』

あるとき、お役人が、息子の徴兵《ちょうへい》検査に来ましたが、息子は足を骨折していたために、徴兵されずに済みました。

それを見たお隣さんは『運がいいねぇ』といいます。

すると、農夫はいうのです。『それはどうかな』」


すべては中立です。

それを私たちは、「よい」「悪い」というふうな使い方をしているわけです。

最悪のことのなかにも、よいことは必ずあります。

それを見つけられる人が、奇跡の人生を進める人です。


いま、つらい状況にある人は、そこで、いい側面を見つけるというのは、難しいかもしれません。でも、時が少したったときには、「あのときはつらかったけれども、あとになって見ると悪いことばかりでもなかった」ということがあるものです。

過去のことをふり返ってみると、そうした体験をもつ人は少なくないでしょう。

「答え」というのは、すぐに出なくてもいいものである、ということかもしれません。

人生で起きるすべての体験は、中立である

ＳＮＳのサービスを利用している人は多いでしょう。

じつは私は、これについて、少しばかり偏見《へんけん》をもっていました。

最初のうちは、これほど便利なものはないと思って、1日に何度も投稿する、ということもしていました。

ところが、「友達」が増えたり、書き込みに返信したりしていると、それに時間をとられるようになり、そうなると、こればかりに関わることになって、だんだんと手に負えなくなってしまったのです。それと同時に、いろんな人たちの「売り込み」も増えて、そういう人たちの写真ばかりがタイムラインに上がるようになったのです。

結局、「ＳＮＳはよくないな」と思うようになっていました。

ところで、先日、マウイ島でリトリートをしたときのことです。

「リトリート」というのは、「日常生活から離れて、自分を見つめなおす場所に行く」ことですが、私は、セミナーとして年に何回か開催しています。

そのときのアシスタントティーチャーの息子さんが亡くなったのです。彼女は、そのリトリートにはお嬢さんも一緒に参加していましたが、急遽、帰国しなければならないことになったわけです。

けれども、帰れるまでには乗り継ぎ乗り継ぎで24時間かかります。

私のパートナーのディーは、自分のＳＮＳに、

「この二人をファーストクラスにアップグレードできる方、いらっしゃいませんか？」

と投稿しました。長時間のフライトなので、せめて二人が少しでも楽に移動できるようにと考えてのことでした。

まずはマウイ島からロサンゼルスまで行かなければなりませんが、空港に着くと、SNSで事情を知ったある方が航空会社に電話を入れて、彼女たちのためにファーストクラスのチケットを2枚分、買ってくださっていました。

それだけでなく、ほかの方からも、「これが私のマイレージナンバーです」というメッセージが届いて、「ロサンゼルスに着いたら、使えるマイレージをすべて使ってください」といっていただいたそうです。

この話をあとから聞いて、私は、彼女たちのためによかったと思いながら、SNSを見直しました。「こうしてつながることで、だれかの役に立てることもあるのだ」ということに気づいたのです。

前で、すべては中立だという話をしましたが、SNSもまた、その例外ではなかったということです。

ネガティブな目的として、それを使う人もいれば、ヒーリングのためにそれを使う人もいるわけです。

人生で起きるすべての体験は、中立です。

愛し合った二人が別れるというときには、悪いことしかなかったように思うかもしれませんが、「離婚」ですら、それは中立です。

「離婚したことが、私の身の上で起きた、人生でいちばんよいことでした」という人がいました。「そのときは痛みがあったけれど、でも離婚を経験したことで新しい方向に、自分自身が進むことができた」というのです。

別れはつらいものです。相手を傷つけてしまうこともあるかもしれません。

それでも、「別れ」も中立としてとらえるならば、傷つけ合うのではなく、助け合って、お互いが、それぞれの道を進む、という選択もできるのではないでしょうか。

第 2 章

居場所を探す

Find your Place

私たちは、なぜ生まれてきたのでしょうか?
生まれる前に、神様と約束して、この世に生まれたとしたら、
どんな約束をしてきたのでしょうか。
あなたにとって、人生の目的、生きる意味とは何でしょうか?

この人生で何を体験していくか

「神は、自分の香りを嗅《か》ぐために鼻がついている花である」という言葉があります。

言い換えると、次のようになります。

「神は、自分自身を、いろいろな細かいパーツに分けた。

それは、私たちがいろんな体験をできるようにするためだった」

つまり、いろんな観点からの体験ができるようにという目的をもって、神を具現化して生まれたのが、私たち一人ひとりである、ということです。

「体験」というのは、その人だけのもので、同じ体験をしている人は、ほかには、だれもいません。

ある瞬間に、「ああ、そういうことだったのか」と腑《ふ》に落ちるような、目を開かれるような体験をすることがありますが、それは宇宙への気づきともいうものです。

たとえば、ある日突然、自分の仕事の意味を知ることがあります。

なぜ、この人に出会ったのか、その必然に気づくことがあります。

不運だと思っていたことが、そうではなかったことがわかることがあります。

気づき方というのは、一人ひとり違っているもので、どんな親しい関係であったり、あるいは同じもの、同じことで、同じような気づきがあったとしても、それぞれがユニークな体験なのです。

第2章

居場所を探す

Find your Place

神様は自分自身を細かいパーツに分けて、私たち一人ひとりをつくられました。それは、私たち一人ひとりが、それぞれの体験をもつためでしたが、別の言い方をするなら、神様は、私たち一人ひとりを通して、さまざまな体験をしているわけです。私たちが体験することは、神様が体験することです。神様は、「私」として具現化することで、楽しいことと挑戦課題の両方を体験します。

それには、新たな冒険も含まれています。

そうして「私」なりの独特な方法で、私たちは、「私自身」を発見していくのです。

これこそが、私たちの生きる目的です。

自分の霊的な側面――つまり、自分の本質、本当の自分ともいうべきものですが、それを見つけるために、私たちは、ここに生まれてきたのです。

人はだれも自分のクラスを決めて生まれてきた

「自分の本質というのは、そう簡単に見つかるものじゃない」

そう思っている人は多いでしょう。

「自分を見つける」ということをゲームにたとえるなら、そのゲームの難易度をどこに設定するかです。

すごく簡単なゲームにしたいか、うんと難しいゲームにしたいか、それによって、難易度は変わってくるというわけです。

ビデオゲームをやっていると思ってください。

最初に、「初級」「中級」「上級」などのレベル（難易度）を選びますよね。

たとえば「レベル1」ならば、球はたまに飛んでくる程度かもしれません。それが「レベル5」になると、1度に10個くらいの球が飛んでくる、というように変わっていきます。

「自分を見つける」ゲームも、それと同じです。レベル1であれば、それを見つけるのは簡単でしょう。レベルが上がれば上がるほど、それは難しくなっていきます。

そして、その難易度を決めるのは、ほかでもない自分自身です。チャレンジの難易度を「難しくしたい」と自分が決めたら、このゲームは難しくなります。「簡単にしたい」と決めたら、そうなります。

難易度が高くなればなるほど、それを攻略するのは難しくなりますが、それだけゲームはエキサイティングなものになるでしょう。

だからといって、難しいことがいいというわけではありません。

私たちは一人ひとり、「人生のクラス」というものを自分で決めて、生まれてきています。

もしも、いまの人生では物足りないと感じているとしたら、その人は、「自分のマインドを変える」という必要があるのかもしれません。

人生は、自分のマインドによって変わっていくものです。

その難易度で、幸せが決まるのではありません。

あなたを幸せにするのは、あなたのマインドです。

自分のクラスはどこかということに気づくことが、「自分を見つける」ゲームの目的だといっても過言ではありません。

いまのあなたに、必要な場所

人生のクラスは自分で決めて生まれてきたといいました。

そういうと、「自分のいまのクラスは、自分に合っていないんじゃないか」と思う人もいるかもしれません。けれども、それは間違いです。

どの人も、自分にとって、最適なクラスに入っています。

「人生のクラス」というのは、自身の意識レベルのことで、人はみな、自分の意識レベルに合ったクラスに入っています。

それなのに、「あ、自分は違うクラスにいるな」と思うのは、エゴと呼ばれるマインドの為《な》せる業《わざ》です。

そう思っているかぎりは、幸せになることはありません。

魂《たましい》レベルでいえば、あなたは、すでに、完璧な最良のクラスに入っています。

人生に不満を抱いている人は、

「ここは自分がいる場所じゃない」

「もっと自分にふさわしい場所があるはずだ」

などと考えがちですが、いまいるところこそが、あなたに与えられた場所だということです。


だから、あきらめなさい、ということではありません。

ずっと、そこにいなさい、ということでもありません。

第2章
居場所を探す
Find your Place

あなたがいまいる場所は、あなたが成長するのに、最適な場所だということです。

そこは、居心地がいいとはいえないかもしれません。
早く、その場所から立ち去りたいと思っているかもしれません。
そう思っているなら、その場所を知ることです。
その場所にいる人たちを知ることです。
あなたは、そこで、何を学ぶのでしょうか。

あなたには、学ぶべきことがあります。
それを教えてくれるのが、いまの場所です。
いまいるところが、いまのあなたには必要だということです。

まずは与えられたゾーンを、マスターする

自分がいまいる、この場所で何をするべきかということです。

もっと成長したい、もっと変わりたいと思うことは、悪いことではありません。

それがあるから、人はよりよく生きていけるのだと思います。

けれども、そのためには、まず、「いまは、自分に与えられている課題をマスターしなければならない」ということです。

マインドの状態が変わらないまま、いまの状況から逃げてしまったとしたら、また逃げた先で同じ状況が出てきます。

「自分は、もっといい仕事ができるのに、いつまでたっても、地味で目立たない仕事しかまわってこない」

と思って、上司や会社に不満を抱いて、転職する人がいます。

けれども、そういう人は、転職先でも、また同じ状況に陥《おちい》ります。

自分で、そういう状況をつくってしまっているわけですが、本人には、そのことがわかりません。

まずは自分に与えられたゾーンをマスターすることです。

それをしないで、次のゾーンに行くことはできません。

もしも、その人に本当に力があるのなら、その人にふさわしい仕事がまわってくるのに、それほどの時間はかからないはずです。

レベル１の仕事でブツブツいう人には、レベル５の仕事は任せられない。文句をいいながら仕事をする人を、少なくとも私は信用しません。

以前、私が体験したことです。

もう何年も前の話になりますが、当時、私は、いわゆるビジネスマネージャーを探していました。そして、送られてきた履歴書から、候補を二人に絞《しぼ》りました。一人は年配の方で、多くの経験を積んでいました。もう一人は、どちらかというと若手で、やる気はもっているようでしたが、経験は少ない。

果たして、私は、より経験のある人を雇うことにしました。

若いほうの人は、

「採用されなかったことは、とても残念ですが、あなたの会社のプロジェクトに関わらせていただけるなら、何でもやらせていただきます」

といってきたので、私は小さなプロジェクトをお願いすることにしました。

そして彼は、私の期待以上の働きを見せてくれました。

一方、私が採用した人は、仕事には遅れてくる、約束は守らない、一言でいうなら怠《なま》け者の典型で、彼と一緒に組むようになってから、私の仕事は、地獄の底に落ちるように赤字が出て、うまくいかなくなりました。

結局、この人は2ヶ月ほどでやめることになり、一度は採用にはならなかった若い人が、その後の7年間、マネージャーとして力を発揮してくれました。

彼のおかげで、私のビジネスもうまくいきましたし、彼自身のキャリアアップにもつながったと思います。

自分が望む奇跡の扉を開く

なにか一つのことに意識を向けると、それに「ふさわしい世界」へと扉が開かれます。

そのまま、それを続ければ、それがあなたの現実になり、あなたのためになる人や、あなたを力づける人を引き寄せるようになります。

これが「引き寄せの法則」です。

私のマネージャーになった彼も、「引き寄せの法則」が働いて、「正しい場所」に来たのでしょう。

自分がやりたいことがあるなら、まずは、いまのところで、自分にできることをすることです。

それをしないで、もっと別の場所に行きたいと思っても、永遠に、「自分が行きたい場所」にたどり着くことはないでしょう。

たとえ一旦は、その場所に行けたとしても、自分のするべきことがわからない人は、そのことに気づけないのです。

前でもお話ししたように、いまの世界は自分にふさわしくないと考えるのは間違いです。

私たちはだれもが、いまの時点で、「正しい場所」にいます。

そこで、何をするのかで、次の扉が開きます。

あなたの望む「奇跡の扉」を開くのは、あなた自身です。

第 3 章

幸せを選択する

Touch your Heart

スピリチュアルの世界とは幻想《げんそう》なのか。
自分らしい生き方を選択するとき、
私たちは何を大切に、何を優先して
生きていけばいいのでしょうか。

願うだけでは、かなえられない

どうすれば、願いはかなえられるか。

私は、『「願う力」で人生は変えられる』(ダイヤモンド社)という本のなかで、すべての真摯《しんし》な祈《いの》りは、必ず応《こた》えられるということを書きました。

けれども、「自分の願いはかなえられない」という人はいるでしょう。

ここでもう一度お話しするなら、あなたの願いは、必ず聞き遂げられています。

ただし、その願いとは、あなたが願ったことの本質です。

たとえば、「この会社に就職したい」という願いの本質は、「満足できる仕事に就《つ》きたい」ということかもしれません。その場合に、必ずしも「この会社に就職したい」という望みは、かなえられないかもしれません。

「この会社」に就職が決まらなかったために、次の会社で採用が決まり、結果として「満足できる仕事に就ける」という願いがかなえられることがあります。

「この人と結婚したい」という願いはかなえられなかったとしても、そのおかげで、別の人に出会うということもあります。それが結局は、「幸せな結婚をする」ことにつながるかもしれません。

すべての真摯な祈りは必ず応えられます。

祈りに応えてもらえていないと感じることがあったとしても、じつは本質の部分で、祈りは必ず聞き遂げられています。

けれども、祈るだけでは、それが成就《じょうじゅ》することはありません。
祈ったあとには、自分でできることを行動に移すことです。

「宝くじが当たりますように」と祈っても、宝くじを買っていなければ、当たりようがありません。
「そんなことは当たり前じゃないですか」と笑われるかもしれませんが、願いがかなえられないという人の多くは、ただ願うだけで、行動を起こしていないのです。

恐れや心配を手放して、新たな世界に踏み出す

ここで私が日本に来るようになったきっかけについて、お話ししたいと思います。

もう10年以上前の２００２年のことです。

私は、バリ島で「マスタリートレーニング」というリトリートを開催するために、トランジットで成田空港に1泊することになっていました。

その1週間前、現在アラン・コーエンジャパンの代表をしている恵子さんからメールが届きました。

「アランさん、ぜひ日本にきて、ワークショップをしてください」

という依頼のメールでした。

当時の私は、日本に意識が向いていなかったし、メールを送ってきた女性がどんな人かもわかりません。だから一瞬、不安がよぎったのですが、日本に初めて1泊することもあり、「そのときであれば、お会いすることが可能です」という旨の返信を送りました。

「それでしたら、一緒にランチしましょう」

と恵子さんから提案があり、成田のホテルで一緒にランチをとることになったのですが、私のなかでは、メールを返信した時点では、まだ半信半疑な気持ちが残っていました。

でも、ランチの約束をしたら、あとは流れに任せてみることにしました。

恵子さんとのランチは楽しいものになり、翌年に来日することを決めたのです。

私が好きなセミナーを日本ですることに喜びを感じて、未知なる日本を訪れることにワクワクしました。

そして、結果的には、それから毎年、来日して、予想もしていなかった多くの日本の人たちとの「おつき合い」が始まったわけです。

行動に移すというのは、ときに恐れや心配をともないます。

しかし、そうした恐れや心配を手放《てばな》し、行動を起こして、自分のベストを尽くすことです。

そして、結果については、「手放し」にするのです。

そうすることで、神様が働くための空間をつくるのです。

それこそが、「スピリチュアルな生き方」だと私は思っています。

人生のルールは一つしかない

行動するというのは、とても大切です。

祈ることやスピリチュアルであることも、もちろん大切ですが、地に足がついていなければ現実がともなっていきません。

健全なスピリチュアルな人というのは、祈りと行動、その両方のバランスがとれている人のことだと私は思います。

大地のレベルで、行動を起こしていく。それこそに、大きな価値があります。

「スピリチュアルな教え」というのは、ビジネスの世界にも、結婚生活にも、あらゆる領域において使っていけるものです。

以前のことですが、私がコーチングを教えていた生徒のなかで、コーチングのスキルを実践しない人がいました。自分の人生を変えたいといいながら、何も行動に移すこともなく、また私のコーチングセッションに戻ってくるのです。

この生徒のことで、私はスピリチュアルティーチャーに相談したことがあります。

スピリチュアルティーチャーはいいました。

「その生徒さんは、ルールを学ぶ必要がある」

「そのルールというのは、神様のルールですか？

それとも、この世のルールですか？」

と質問すると、次のような答えが返ってきました。

「世の中には、ルールというのは一つしかありません」

現実社会では、仕事をしたり、家賃を払ったりというルールがあります。「祈る」「願う」などのスピリチュアルなルールを重視する人のなかには、現実社会のルールをおろそかにしてしまう人がいます。


瞑想《めいそう》ばかりしている人に、私が質問したいのは、

「あなたは、自分がよくなっている以外に、だれかの助けになっていますか？」

ということです。


「ほかの人の人生を、よりよくするため」

「人の痛み、世界の痛みを少しでも軽減するため」

――それが私たちが生まれてきた目的であり、そのために行動することが「ルール」です。そのルールに則して行動する人は、瞑想するだけの人より、よほど強くなれます。

自分のハートと調和したスタイルで生きる

ここであらためて、「スピリチュアルな生き方」について考えてみましょう。

どんな暮らし方が、スピリチュアルにつながるかといえば、それは人によって、さまざまです。

「スピリチュアルな人」というと、ヒーラーとかアーティストを思い浮かべて、ビジネスマンなどは、どちらかといえば、それとは遠い存在としてイメージする人は多いかもしれません。

けれども、ビジネスマンにはビジネスマンのスピリチュアルライフがあります。

同様に、政治家やアスリート、アーティスト、母親……などなど、それぞれにスピリチュアルライフがあり、どんなかたちをとるかは重要ではないのです。

本当の意味での「スピリチュアルな生き方」というのは、自分のハートと調和したスタイルで生きている、ということです。

□自分自身に満足していること。
□朝、目覚めて、その日に予定していることを楽しみに生きている。
□ほかの人とのやり取りに喜びを感じる。
□そして、より幸せになるように成長していく。

そうした人生こそが、「スピリチュアルライフ」というものです。

自分がどんなスピリット（精神）、もっとやさしくいうなら「気分」で生きていくのか。それを意識することが大切です。

その瞬間は、必ずやってくる

その人が、どの程度成功するかは、ただただ、その人の生きる姿勢にかかっている、といっても過言ではありません。

たとえば、ひどい上司の下で働いている人がいるとします。

たいていの人は、「もう会社に行くのもイヤだ」「なんて自分は不運なんだ」と考えてしまうでしょう。

ところが、なかには、「それでも私は職場に行くのが好きだ」という人もいます。

どんなにネガティブな状況にあっても、ポジティブな面を見出して、生きていける人です。

なぜ、そんなふうに考えられるかといえば、その人のハートと、その人自身が調和されているからです。

そして、それができているというのは、とても素晴らしいことです。

ただし、それを意識するあまりに、自分の本当の「感覚」がわからなくなってしまうことがあります。

ポジティブな態度や姿勢は素晴らしいですが、「スーパーポジティブ」といわれる人のなかには、自分の内側に痛みを感じているにもかかわらず、そのことに気がつけない人もいます。

自分が犠牲にしていることがあっても、それを見ないようにして、「でも大丈夫だ」と思い込む。そうするうちに、だんだんと自分の痛みに鈍感になってしまうのです。

スピリチュアルライフとは、自分のハートと調和して生きることです。

それを優先するなら、まず、自分の内側で、何を感じているのかということに関して、正直にならなければなりません。

「つらい」「苦しい」「悲しい」「傷ついた」といった自分のなかのネガティブな感情があるとしたら、そのことを正直に認めることです。

それを無視して突き進めば、病気になったり、問題を引き起こしたりします。

事故にあったり、離婚したり、経済的に破綻《はたん》したりというのは、宇宙からの、「ちょっと気をつけてください」とか「気づいてください」という「目覚まし」や「サイン」みたいなものです。


「病気になったことで、自分と向き合えた」

「パートナーと離れたことで、自分と向き合えた」

落ち込む状況に陥ることで、ようやく本来の自分を取り戻す、というのは、めずらしいことではありません。

そのときはつらくても、それのおかげで気づけることがあるわけです。

その意味では、そういう体験もまた、「よいこと」です。


「宇宙から、ちょっと揺さぶってもらった」

――人生の試練を、そんなふうにとらえてみるのも一つの考え方です。


「いつかは、そのときが来る」ということです。

宇宙は、嘘をそのまま維持《いじ》させるということはしないものです。

宇宙は、本質とか本当の調和に、いつも戻りたがるものです。

偽《いつわ》りの人生を生きている人は、その瞬間《とき》が来ると、宇宙から、必然的に真実の人生へと戻されていくのです。

第 4 章

運命の波に乗る

Get your Chance

運命が変わる瞬間があるとしたら、
それに必要なシチュエーションとはどんなものでしょうか？
自分の人生に登場する「幸せ案内人」のような人に、
どうすれば出会えますか？

人生で起きることは、生まれる前から決まっている

人生で起きることは、生まれてくる前に、

「こういうことをします」

というふうに決めてきているんじゃないかなと、私は思っています。

それは、「運命の約束」と出会うような感覚です。


「運命の約束」は、非常に深いレベルで、すでに、選んできているのです。

それは、個人レベルのエゴでも、知的なレベルでもなく、魂のレベルで起きます。

「起きない」ということはありません。

それは、必ず起きるものであり、起きるのは、いつもよいことです。

私が初めて本を出版したときのことをお話ししましょう。

当時は、ニュージャージーで、ある女性のお家の部屋を間借りしていました。

ある日、彼女は、サイキックカウンセラーのところにセッションを受けに行きました。

そのカウンセラーに、彼女は、私の名前も一切いわずにいたそうですが、セッションの中間で、彼から、「アランに書くように伝えてくれ」といわれたそうです。

そのことを帰宅した彼女から告げられても、意味がまったくわかりませんでした。

そもそも、なにか書きたいと思ったことも、書くつもりもなかったのです。

ところが、それから半年くらいたったある朝、突然アイデアが自分のマインドのなかに入り込んできたのです。

私は飛び起きて、そのアイデアに必死に抵抗しました。

「書きたくないんだ。文章なんか、書きたくない！　文章を書くのは好きじゃない！」

すると、「そんなことはどうでもいい！」という声がして、私は、あふれてくるアイデアを書き始めたんです。

いまふり返っても、自分でしていることなのに、自分ではないような、不思議な体験でした。

その頃、私はヨガを教えていました。だから、ヨガのクラスで話すことのメモをしているつもりでした。それが止まらないのです。

書くことが押し寄せてきて、自分という人間が、ある情報に乗っ取られたかのように、1日に12時間から18時間、ほかには何もしないで私は書き続けました。

しばらくして、「あ、これは本なんだ」ということに気がつきました。

本を書こうとしたわけではありませんでした。自分で本を書いたというより、本に書かされたというような感じでした。

次元上昇のポイントに出会う

私がそのとき書いたものは、詩的なエッセイでした。

それをサイキックリーディングに行った彼女に見せると、ハッとして、「セッションの録音を聞かせてあげる」といいました。

その録音を聞いたのは、そのときが初めてでしたが、サイキックカウンセラーの言葉に私はたいへん驚きました。

「アランに、文章を書くようにいいなさい。

それは詩的なエッセイの本なんだ。とてもよいと思う」

第4章
運命の波に乗る
Get your Chance

そのとき書いたものを私は7社の出版社に送ってみました。

ところが、どこも引き受けてくれない。全然脈がないわけです。

そこで、「わからないんだったら、それでいい」と考えて、私はそれを自費出版することにしました。本というのは、つくっただけでは売れないというのは、アメリカも日本も変わりはありません。それでも構わないと思っていました。

私は、書いたことだけで、満足していました。


ところがある日、自費出版した本の配本をする会社のカタログが家に届いたのです。

でも、自分には関係ないものだと思って、そのままゴミ箱に捨ててしまいました。

すると翌日、こんどは友人から、そのカタログが届いたのです。それには、「この会社に本を送ったらいいと思うよ」という友人からの手紙が添えてありました。

私は、もう「はいはい、わかりました」という気分で、その会社に本を送ったところ、「もちろん配本しますよ」という返事がきました。

まもなくして、私はその会社から、本の売り上げとして、ひと月に1万ドルを超える小切手を数年間、受けとれるようになりました。

1980年のことですが、結局、それはベストセラーになりました。こうして当時をふり返っても、この一連の出来事は、なにか決まっていたことだったように感じます。

運命が変わる瞬間というのが、あるものです。

私の友人であり、ベストセラー作家である本田健さんは、これを「次元上昇」といい、次のように説明しています。

「『次元上昇』とは、普通の人生を生きている人が、あることをきっかけにして、大きく変化することを意味します」

本を書いたことで、私はまさに「次元上昇」を果たしたのでしょう。

別れもまた、一つの流れと考える

「次元上昇」というと、ある日突然、奇跡が起きるようなイメージをもたれるかもしれませんが、実際にそれを体験するときというのは、そういうものではないと、私は考えています。

ひじょうに深いレベルで「決まっていたこと」が、起こるべくして起こるような、自然の流れのなかに、それはあるように思います。

けれども、ただ待っているだけでは、何も起こらない。

あなたの前には、大きな川が流れています。

あなたがするべきことは、ただ、その川に飛び込むことです。川に飛び込むことで、あなたは「ふさわしい場所」へと運ばれていきます。そこからは、ただ川の流れに身を任せるだけです。

そのきっかけが、運命が変わる瞬間であり、私はこれを「Date with Destiny ――運命の約束」と呼んでいます。

私のパートナーのディーと出会ったのも、「運命の約束」だったように思います。じつはディーと出会う前、私は、別の女性とつき合って6ヶ月くらいがたっていたのですが、彼女とは、あまり、いい関係とはいえませんでした。

ケンカして、少し距離をおいたり、ということもありました。一緒にいても、それがつらいということが続いたのです。

私は神様にたずねました。

「こんな関係を私が続けることを、まさか望んでいないですよね?」

そして、こんなふうにお願いしました。

「こんな関係が、神様が考えている男女関係だとは、私にはとても信じられません。だから、シグナルをください」

すると、そのつき合っている女性は、ちょっとしたことでイライラするようになりました。

一緒にお茶を飲んでいるときにも、突然ヒステリックになって、私に怒りをぶつけてきたのです。

「もう1回、シグナルをください」

その女性のヒステリックな行動は、さらにエスカレートしました。

「また、シグナルをください」

彼女はさらに、とことんクレイジーな行動に出ました。いまになってみても、彼女はとてもいい人でしたが、一緒にいるのが難しい人だったのです。

ついに、彼女と別れることにしました。そのときに私は、「この次につき合う人とは、穏《おだ》やかな関係でありたい」と思ったのでした。

そして、ある日曜日、私は教会のスピーチを頼まれていたのですが、ディーは、その教会で働いていました。そして、彼女は私のスピーチの担当者になったのです。

ディーは当時、離婚をしてから1年ぐらいがたっていました。

自分の人生をやり直したいとマウイ島に来ることにして、そのマウイ島の教会に勤め始めました。それが、私がスピーチする日の1週間前のことでした。

彼女に会って、「いい感じの人だな」と思いました。すぐに運命を感じたというようなことではなかったのですが、なんとなく、一緒に時間をすごすようになったのです。

一緒にビーチに行ったり、オーガニックレストランで食事をしたり、楽しい時間を重ねていました。とくに「つき合おう」と、彼女に告白したわけでもないのですが、お互いがただ一緒にいて、居心地がいいと感じていたのです。

同じ時間に、同じ場所にいること

パートナーのディーとは、いつのまにか、一緒にいることが、とても自然なことのように感じました。

二つの川が合流したのです。

お互いに、そうなるための努力はゼロです。

パーティに参加したり、オンラインのサイトに登録したりということもない。

ただ同じ時間、同じ場所にいることで、私たちは「見つけ合った」。

宇宙が出会わせてくれたのだと、私は考えています。

流れにそって、それに乗り、乗っていった先に、運命がありました。

ディーと出会ってから、15年がたちました。

「もっと早くに出会っていたら」ということもあるかもしれませんが、私にとっては、それが「ジャスト・イン・タイム」でした。

彼女と出会う前には、いろいろな女性とつき合ってきました。その一人ひとりから、私は学びました。

うまくいかなかったのは、ほとんどが私のミスです。自分の過《あやま》ちを通して、自分には、女性に対する幻想や期待があったことを知ったのです。

自分が本当の男女関係を紡《つむ》ぐためには、もっと大人にならなければいけなかった、ということだったと思います。運命と出会うための準備が必要だったのでしょう。

運命の約束は、ある日突然そうなるのではなく、そうなるような流れがあって初めて、それに出会える瞬間にたどり着く。私は自分の体験から、それを実感しています。

一瞬ごとにチャンスはやってくる

人生に起こること、人生で出会うことが、その人生をつくっていく。

それが、運命の約束を果たすことになっていきます。

前で、運命に出会うためには、「飛び込んでみること」だとお話ししました。

そういうと、「清水の舞台から飛び降りる」というようなドラマティックな飛び込み方をイメージする人は多いかもしれませんが、必ずしも、そうでなければならないということはありません。

もちろん、そういう思い切ったかたちでの飛び込み方が必要なこともあるでしょう。

また、それは人によっても、違ってくるということもあると思います。

他の人からすれば、小さな段を一段上がるだけ、または下りるだけのような小さな変化であっても、その人には、大きな決心が必要だということもあるでしょう。

そういう経験のある人は、「飛び込む」ということが、実感として湧《わ》きやすいこともあるかもしれません。

そのほうが、自分の「運命」や「人生」を考えたときに、その変化もわかりやすいわけですが、そう単純ではありません。

たとえば、リラックスしているなかで、川のなかにスルスルと滑《すべ》り込んでいく、という入り方もあります。

あるいは、自分は川縁《かわぶち》に座っていただけなのに、いつのまにか水かさが増して、気がついたら、流れに乗っていたということもあります。

そういうソフトな飛び込み方もあるわけです。

運命とは、自分が意識するしないにかかわらず、最終的には、「いつかそうなる」ものだと私は考えています。

「私には、川に飛び込むチャンスが全然めぐってこない」

という人もいるでしょう。

でも、そんなことはありません。

だれにも、人生の一瞬一瞬に、「飛び込むチャンス」があります。

イスラム教の説教師であり、ペルシア文学史上もっとも偉大な詩人といわれるジャラール・ウッディーン・ルーミーという人がいます。アメリカでもっともポピュラーな詩人の一人といってよいでしょう。

そのルーミーは、

「一つひとつの瞬間がエントリーポイントだ」

といっています。

毎瞬毎瞬がチャンスなのです。

それを見逃して、チャンスがないといっているのです。

なぜ見逃してしまうかといえば、よそ見をしていたり、自分からブロックしたり、あるいは、ネガティブな方向に入っていたり、恐れていたりということが原因です。

第4章
運命の波に乗る
Get your Chance

あなたの願いは、すでにかなえられている

いま、この世界でやらなければいけないことをやらず、見なければいけないことを見ていない。それでは、いつまでたっても「チャンスが来ていること」に気づくことはできません。


アメリカのジョークで、こんな話があります。

ある男性が住んでいるところに洪水《こうずい》が起きて、水が家のなかまでどんどん入ってきます。

ついに彼は屋根に上がって、祈るのです。

「神よ、助けてください。助けてください」

そこに、手漕《こ》ぎボートに乗った二人の男性がやってきます。

「さあ！　乗ってください」

「いや、神が助けてくれますから」

こんどは、モーターボートに乗った人が、そこを通りがかりました。

「乗ってください！」

「いやいや、神が私を助けてくれますから」

次にヘリコプターが飛んできて、

「さぁさぁ、この梯子《はしご》にのぼって！」

と促《うなが》されますが、

「いえいえ、神が私を助けてくださいます」

と彼はいって、結局、溺《おぼ》れて死んでしまいます。

死後の世界に行った彼は、神様に会って、文句をいいました。

第4章
運命の波に乗る
Get your Chance

「どうして助けてくれなかったんですか！」

すると神様が答えました。

「いやいや、ボート2隻《せき》とヘリコプターを送ったじゃないか。それ以外に、私に何ができるというのですか？」


自分にチャンスがないという人は、このジョークの男性と同じということです。

本当は、願いはかなえられているのに、それに気づかず、自分からチャンスを拒《こば》んでいるのです。


運命を生きているときには、自然に物事が流れていくものです。

そこに苦労はありません。

自分にとって、偽りなく、つらいことがない道を選ぶことです。

そうすることで、私たちは、穏やかで、楽しい人生へと導かれていきます。

第 5 章

人生の舵をとる

Move your Future

人生がうまくいかないとき、
人間関係がうまくいかないとき、
どうすれば、それを乗り越えていけるでしょうか。
どうすれば、自分自身のスピリットを磨いていけるでしょうか。

郵便はがき

162-0816

恐れ入ります
切手を
お貼りください

東京都新宿区白銀町1番13号

きずな出版 編集部 行

フリガナ

お名前　　男性／女性
未婚／既婚

(〒　　-　　)
ご住所

ご職業

年齢　10代　20代　30代　40代　50代　60代　70代～

E-mail

※きずな出版からのお知らせをご希望の方は是非ご記入ください。

愛読者カード

ご購読ありがとうございます。今後の出版企画の参考とさせていただきますので、
アンケートにご協力をお願いいたします。

[1] ご購入いただいた本のタイトル

[2] この本をどこでお知りになりましたか？
　1. 書店の店頭　2. 紹介記事（媒体名：　）
　3. 広告（新聞／雑誌／インターネット：媒体名　）
　4. 友人・知人からの勧め　5.その他（　）

[3] どちらの書店でお買い求めいただきましたか？

[4] ご購入いただいた動機をお聞かせください。
　1. 著者が好きだから　2. タイトルに惹かれたから
　3. 装丁がよかったから　4. 興味のある内容だから
　5. 友人・知人に勧められたから
　6. 広告を見て気になったから
　（新聞／雑誌／インターネット：媒体名　）

[5] 最近、読んでおもしろかった本をお聞かせください。

[6] 今後、読んでみたい本の著者やテーマがあればお聞かせください。

[7] 本書をお読みになったご意見、ご感想をお聞かせください。
（お寄せいただいたご感想は、新聞広告や紹介記事等で使わせていただく場合がございます）

ご協力ありがとうございました。

第5章
人生の舵をとる
Move your Future

慣れ親しんだ世界が、必ずしも幸せな世界ではない

生まれる前から、人生はうまくいくように決まっています。
それなのに、人生はうまくいかない、ということが起きます。
「そんなことばっかりだ」という人もいるかもしれません。
それはどうしてなのか。

一つの理由として、自分の慣《な》れ親《した》しんだ世界から離れられないということがあります。

人は、自分が本当に手に入れたいものを手に入れるより、いま持っているものにし

がみついているほうがいいのではないかと思ってしまうのです。

結果、慣れ親しんだ世界が、必ずしも幸せな世界でないにもかかわらず、その世界にしがみつく、ということが起きるわけです。

しがみつくことが悪いことだというのではありません。

それも一つの生き方です。

けれども、そうしていては、いつまでたっても変化は訪れない、ということです。


ところで、以前、不思議なことがありました。

いま私が住んでいるところは田舎《いなか》で、野生の動物がいっぱいいます。

ときどき家のなかに、ネズミが迷い込んでくることもあったので、ネズミ捕りのカゴを仕掛けたのです。

それはネズミを退治するためではなく、カゴに入ったら草原まで連れていって逃がしてあげようと考えてのことでした。

果たして、1匹のネズミがカゴのなかに入って、私は草原に行きました。

カゴを斜《なな》めにして、ネズミが外に出やすいようにしたのですが、ネズミは出てきません。一生懸命にカゴの網《あみ》にしがみついて、そこから出ないようにしているのです。

囚《とら》われの状態にしがみついているのが、私にはなんとも不思議な感じがしました。

ネズミ捕りのカゴが、すでに自分の家のようになって、ネズミは、そこから出ることを拒んでいるわけです。

表に出れば自由な世界があって、いま、それへの扉が開かれているというのに、ネズミはそれに気がつけないのです。

私はネズミを外に出すために、一生懸命にカゴを振りましたが、それこそ、ネズミにはなにか恐ろしいことが起きていると思われたのかもしれません。

ネズミは、カゴのなかにいることが、なによりの安全だと考えて、そこにしがみつくことで、自由を得るチャンスを逃そうとしていたわけです。

結局、そのネズミは、私がカゴを思いっきり振って、ポトッと外に出ると、草原の向こうに走っていきました。

私は彼を自由にできたことでホッとしましたが、このネズミと同じようなことが、人生にも起こりがちだということに気づいたのです。

私たちは、いま自分がいる場所を安全だと思っています。自分の家、自分が働いている場所、自分の家族や友人、もっと広く、自分が暮らしている地域、国……。

そういう場所や人たちに対して、１００パーセント満足しているわけではないにもかかわらず、「ここから離れるわけにはいかない」と考えがちです。

とくに外国人である私から見ると、日本人は、ほかの国の人たちに比べて、その傾《けい》向《こう》が強いように思います。

それが悪いということではありません。実際に、日本ほど安全な場所は、世界にはないといってもいいほどです。

けれども、ここで考えたいのは、「安全だ」ということが、必ずしも「幸せ」につながるとはかぎらないということです。

自分が慣れ親しんでいる世界というのは、自分がよく知っている場所です。その意味では安全です。でも、それはエゴなんです。

エゴによって、私たちは、安全だと思っています。でも、スピリチュアルな視点で見れば、そこは安全とはいえない。自分の魂が、幸せを感じていないからです。

しがみつくことは、悪いことだとはいいきれません。けれども、そうしているかぎりは、いつも同じ結果しか来ない。違う結果を望むなら、いまとは違う人生を望むなら、それではチャンスはつかめないということです。

エゴに人生の舵《かじ》をとらせてはいけない

自分が慣れ親しんだ世界にいたいというのは、「エゴ」が働くからです。「エゴ」とは何かといえば、「これが自分だ」という間違った思いです。

私たちはこの世に生まれて、自分とは何かということを学んでいきます。危険極《きわ》まりない世界で、安全でいられるであろうと思われる対応の術《すべ》を身につけて、一つのメカニズムをつくりあげていきます。

それが「エゴ」です。

「エゴ」は一般には、「自我」「自意識」と訳されますが、「利己主義」という意味にも使われます。

そう考えると、自分勝手な自由な行動をイメージする人も多いかもしれませんが、あくまで安全確保のための対応ですから、じつは、それほどの自由はないのです。むしろ、ある空間、ある世界に自分を押しとどめておくためのものですから、それをすることによって幸せを感じられるということはありません。

精神的に成長していく人生を選択するなら、「エゴ」を使うのではなく、スピリチュアルな直感を使って生きていく必要があります。

「退屈な人生だ」と思っても、「それが私の運命だ」と考えるのは、エゴで生きています。

そうすることが、安全だと思い込んでいるのです。

エゴは、私たちに、「そうに決まっている」と思わせるのです。

「この人と結婚するのが私の運命だ」
「この職場で働くのが私の運命だ」
というときにも、エゴが働いています。

エゴの裏返しは、「そうでなければ私は生きられない」ということですが、それを通すには、苦労がともないます。運命の流れにあるものではないために、自然にそうなる、というわけにはいかないからです。

そうして自分に無理をして結婚したり、仕事をしても、結局はうまくいきません。
幸せを感じられないのは、それが魂の選択ではなく、エゴから選んでいるためです。

エゴが、あなたの舵をとっているかぎりは、あなたは幸せになれない。

第5章

人生の舵をとる

Move your Future

私たち全員に、エゴがあります。
地上で生きていくかぎり、それを消すことはできません。
また、エゴは消す必要もないのです。
エゴと闘ってはいけないということです。
たとえていうなら、エゴは幹部社員のようなものかもしれません。
能力があるので、適した仕事を与えれば、上手にやりとげてくれる。
けれども、会社の経営を任せてしまうと、トラブルを起こすこともある。

エゴを問題にするのではなく、エゴとの関係を見直すことです。
あなたは、エゴの言いなりになっているのか。
あるいは、エゴに指示を出しているのか。
このどちらかで、人生は大きく変わっていきます。

あなたのティーチャーであり天使はだれか

人間関係について考えてみたいと思います。

私たちは、出会った途端《とたん》に、同じ種類の人間だとわかり合える人もいれば、そうでない人もいます。

同じ家に生まれても、まったく同じ考え方をするとはかぎりません。

同じ仕事をしていても、その方法は人それぞれでしょう。

時として、自分とは違う考え方、方法をとる人とトラブルになることもあります。

そこに恐れや対立が生まれるわけです。

第5章

人生の舵をとる

Move your Future

「こんな人とはやっていけない」

そういって別れられればいいのですが、そうはできないときに、私たちは悩みます。

どうすれば、この悩みから解放されるかといえば、方法はものすごく簡単です。

相手に対する見方を変えればいいだけなんです。

たとえば、相手を「ティーチャー」として見る。あるいは「天使」として見る。

それだけで、相手に対する気持ちや態度が変わっていきます。

たとえば男女関係で、相手から暴力を受けているとします。

「暴力」というのは、実際に、殴《なぐ》られたりするというような虐待《ぎゃくたい》もあれば、言葉などで、精神的に受ける虐待もあります。

そういった暴力を受けてしまうのは、自分のことを十分に愛することができないために、相手にそれを許してしまうからです。

そうだとしたら、自分をもっと愛することで、相手との関係が変わっていきます。
相手にたとえ暴力をふるわれそうになっても、
「私は、こんな仕打ちを甘んじて受ける必要ないんだ。
だって私は、とてもよい人間なんだから」
と思う。それが自分を愛するようになるということです。

自分を愛するようになると、自分と相手の間の境界線である「バウンダリー(boundary)」が出来上がっていきます。

「バウンダリー」には「限度」や「限界」という意味もありますが、それを認識することで、「暴力を受ける」という一方的な関係から、双方の距離が生まれ、相手とのコミュニケーションをとらなければならなくなります。

それをすることで、相手のもとを去ることができるということもあります。あるいは、相手に対して心を開き、思いやりを抱けるようになるということもあります。

暴力をふるうような相手でさえ、あなたに、「成長をもたらしてくれたティーチャー」や「自分を後押ししてくれる天使」であるというふうに考えることもできます。

「この人がいなければ、そうだと知ることはなかった」

そんな学びを与えてくれる人は、すべてティーチャーであり、天使です。

日本には「反面教師」という言葉があるそうですが、まさにそれが、いまのあなたの悩みの種《たね》となっている人たちだといえます。

このレッスンをマスターしたら、すべてのことが変わっていきます。

相手が去っていくかもしれない。

あるいは、自分が去るかもしれない。

あるいは、二人とも変わるかもしれない。

それはまさに、成長する自分への一歩です。

人生は変わる脚本を書き換えれば

あなたが学ぶことを助けてくれる人であれば、だれでも「ティーチャー」です。

あなたの霊的成長を促してくれる人であれば、だれでも「天使」です。

でも、なかには、そうとはとても思えない人たちもいます。

あなたにとっては、「意地悪な上司」であったり、「厭味《いやみ》な先輩」だったり、「不機嫌なパートナー」だったり、あるいは「問題ばかり起こす部下や後輩」であったりするかもしれません。

その人たちは、じつは、あなたの人生という舞台で、その役を演じてくれている役者さんなのだ、と考えたらどうでしょうか。

その舞台の脚本を書いているのは、あなたです。

彼らは、あなたが雇った役者さんで、あなたのために、その役をしてくれています。

意地悪な上司から逃れたいと思って、転職しても、また同じような目にあうことがあるでしょう。不機嫌なパートナーや暴力をふるうパートナーと別れても、また同じタイプとつき合ってしまうということもあるでしょう。

どうして、そんなことが起きるのかといえば、役者さんが変わっても、脚本は変わっていないからです。役者さんは、脚本の通りに演じているだけなのです。

人生は、あなたが書く脚本の通りに進んでいきます。だから、役者さんが変わっても、「前と同じ」になってしまうのです。

いまの状況を変えるには、脚本を変えなければなりません。

それには、どうすればいいか。

自分に対する信頼を深くすることです。

「自尊心」をもって、自分自身を深く愛することです。

そして、自分が選択したものについて、正直であることです。


ある男性のコーチングをしたことがあります。

その人は会計士でしたが、5つの会社からクビを言い渡されてしまいました。

話を聞くと、

「経理の仕事なんて大嫌いです」

と彼はいうのです。

「会計士でないとしたら、何になりたいですか?」

「私は教師になりたかったんです」

それで、どうすれば教師になれるかを話し合いました。

5つの会社からクビになったのは、宇宙からの采配《さいはい》です。

宇宙は、経理部門からクビにすることで、彼を助けてくれたわけです。


その男性が会計士になったのは、まさにエゴが働いたためです。

そのほうが、より安全な人生だと考えたのでしょう。

けれども、それは運命ではありませんでした。

彼の人生の目的は、それではなかったということです。

クビになったことで、彼が本当にやりたい教師としての職業を選ぶチャンスがやってきたのです。


あなたのいまの仕事は、あなたが選択したものです。

いま、あなたが一緒にいる人は、あなたが選んだ人です。

「自分で選んだわけじゃない」

という人もいるかもしれません。

親に決められた道を進むしかなかった、ということもあったかもしれません。

けれども、それも自分が選んだことなのです。


自分が選択したことについて、正直な気持ちを外に出してみてください。

会計士の彼のように、「本当はこんな仕事は好きじゃない」ということがわかるかもしれません。別のなりたいものが出てくるかもしれません。

それを無視するのではなく、自分の正直な気持ちを、まず認めることから、脚本は少しずつ変わっていきます。

結果として、運命の流れに乗ればいい

「希望の会社に入れない」「リストラにあう」「パートナーと別れる」——そのときにはネガティブな状況であっても、あとで、それがあったからこそ、運命に出会えたということもあるわけです。

「運命の約束」というのは、どういうふうに起きるかは、じつはどうでもいいことなのです。

それは、ある人との出会いで起きるかもしれません。

ちょっと石につまずいたことで起きるかもしれません。

私のクライアントの女性で、面白いエクササイズをした人がいます。

彼女は自分の仕事が嫌いでした。

会社を辞めたいと思っていましたが、年金のことなどを考えると不利になるので、それができないでいました。

そこで彼女がしたのが、スピリチュアルなエクササイズです。

彼女は、会社の便せんで自分宛の「解雇通知《かいこ》」をつくりました。

その翌日、彼女は上司から呼び出されます。上司の手には、昨日、彼女がつくった解雇通知のコピーがありました。

彼女は会社のコピー機を使って「解雇通知」をプリントしたのですが、複数印刷してしまったようで、その直後に、たまたまコピー機を使った上司が、それを見つけたのです。

彼女のつくった解雇通知は、社長が彼女に対して、解雇するというかたちにしたつもりのものでしたが、じつは彼女が、「私をクビにしてください」というかたちになっていたのです。

彼女は無意識のうちに、自分の本音を書いてしまっていたのでした。

それを見た上司は、彼女が辞めたいと思っていることがわかって、彼女とも話をした翌週、本当に解雇通知を書きました。


ここで大事なのは、結果です。

どうしてクビになったのか、辞めることになったのかは、問題ではありません。

結果として、彼女は、辞めたいと思っていた会社を辞めることができたわけです。


年金のことを考えて会社を辞められなかったのは、彼女のエゴです。

会社を辞めたという結果は、エゴからの解放をもたらしました。

ここから彼女が、どんな脚本を書いていくのか。それが楽しみです。

運命に合うように川は流れていく

いまの会社が好きじゃないという人がいる一方で、いまの会社が好きで、環境を変えられないという人もいます。

別の女性の話ですが、たまたま入ってしまった会社で、いい上司にも恵まれて、「自分は本当に幸せだ」と思って働いていたそうです。

でも、「いまの仕事が自分がしたいことなのか」というと、それほどではない。別の道もなくはないと思いながら、彼女は与えられた仕事を楽しみながら、こなしていたようです。

会社にも、その働きを認められて、ポジションもどんどん上がっていきました。

それなりに、やりがいをもって仕事もできていました。

会社は順調で、人間関係のトラブルもない。

そこで彼女が思ったのは、

「自分からは辞められないけれど、会社のほうで、なにかとんでもないことが起きて倒産するようなことになれば、私の人生も変われるのに……」

ということでした。

会社がつらい、仕事がうまくいかないという人からすれば、なんとも贅沢《ぜいたく》な悩みですが、もちろん、彼女の勤める会社が倒産することはありませんでした。

けれども、いま、彼女は、そこの会社にはいません。

彼女の仕事は、会社のなかだけではなく、業界でも認められるような実績を挙《あ》げ、親会社が新規事業を始める際に、その社長に抜擢《ばってき》されました。

現在は、親会社からも独立して、自分のビジネスを動かしています。

「会社に入ったときには、何もできないし、何も知らなかった。こんな将来が待っているなんて思ってもみないことでした」と彼女はいっています。

彼女の運命の川は、自分でも気づかないうちに、そのレベルを上げてきたのでしょう。

不満をもつことで、いまの仕事がおろそかになってしまう人はいます。

それがチャンスを逃してしまうことは、前でお話ししました。

いまやるべきことを、一つひとつクリアしていくことで、運命の扉は開かれていきます。

最初は手の届かなかった扉にも、川の流れのレベルが上がっていくことで、手が届くようになる。それが人生の流れというものです。

第6章

過去生の意味を知る

Read your Story

過去生《かこせい》とは、どんなものだと思いますか。

あるいは、どんなふうにとらえるのがいいと思いますか？

不運を招くのは、過去生で罪を犯したからでしょうか？

過去生の罪は、どうすれば消えますか？

チャンスは過去にではなく、この人生にある

ある女性のリスナーが、私のラジオ番組に電話をかけてきました。

「過去生では、私はソウルメイトと一緒だったんですが、そのときに、その彼のもとを去ってしまったので、今世《こんせ》では彼と出会えないんじゃないかと心配です」

前世《ぜんせ》や過去生を意識する人が増えてきました。

いまの自分の人生をよりよくするのであれば、それを知ることは意義があると思います。

けれども、このリスナーの女性のように、いまの自分の人生で欲しいものを手にで

きない言い訳として、過去生を持ち出すのはどうでしょうか。

いま、自分が本当に望んだ人生のために行動しないのならば、過去生を知ることは、なんの役にも立ちません。

ラジオ番組のなかでは、このリスナーに対して、私は、次のように答えました。

「当時の人生においてめぐってきたチャンスというのは、いまの人生においても、同じようにめぐってくるものです」

これは本当にそうだと思っているのですが、あとで知ったところによれば、このリスナーの女性は「男性恐怖症」に陥っていたようです。

男性が自分のそばに来たり、男性が自分のことを好きになってくれたりしても、男性のことが怖くて、心が開けないという経験を、この人生でしていました。

それで、今世では男性とつき合わなくてよいように、過去生のストーリーを自分で創作していってしまったのです。

私はふだん、あまり過去生についての話をしないのですが、それはなぜかといえば、過去生のことを持ち出すと、いまの人生に集中できなくなるからです。

過去生を言い訳にして、

「だから私は、いまは○○○○ができない」

「だから私は、○○○○の責任はもてない」

というふうにいう人が多いような気がします。

それが私には、「霊的な原則の乱用」のように感じるのです。


「いまの私の問題や病気は、過去のカルマがあるからだ」

といって何もしないのでは、何も解決しません。

すべてはカルマに責任を押しつけて、何もしなくていい理由にしているわけです。

それでは、過去生を隠れ蓑《みの》にしているにすぎません。

過去生についての感覚とか記憶があるのなら、
「この記憶から、今世で私ができることは何だろう?」
というふうに考えてください。

人生は、いま生きている世界で何をするのか、何ができるのかということです。
前世や過去に何があっても、それは過ぎたことです。

チャンスは、いまのあなたにあります。
過去生が、そんなあなたの支えになったり、あなたを後押ししたりするのであれば、
それは正しい使い方だといえるのではないでしょうか。

リンクする場所は大切にしたい

私は、過去生を否定しているのではありません。

むしろ、それはあるものだということを自然に受け入れています。

ある場所に行くときに、初めて来たはずなのに、なにか懐《なつ》かしいような感覚をもつというのは、だれにも経験があるのではないでしょうか。

「デジャヴ（既視感《きしかん》）」——実際には一度も体験したことがないのに、すでに体験したことのように感じることですが、もっと詳しく、たとえば初めて訪れた外国の、ある建物に入ったら、知らないはずのドアの存在を知っていた、というようなことまであるそうです。

私自身の体験では、小田原の大雄山最乗寺《だいゆうざんさいじょうじ》という禅寺《ぜんでら》に行ったときに、

「昔、ここにいたような気がする」

という感じを受けました。

それまでは、日本に対して、もちろんいい印象はもっていましたが、それだけのことで、あくまでも観光客の域を出てはいなかったと思います。

けれども、その禅寺での体験が、

「これからももっと日本に来たい」

という動機づけになりました。自分がどれだけ日本を愛し、日本人との深い絆《きずな》を求めているかということを認識したのです。

いま私は年に2回、春と秋に日本に来ています。

日本に滞在するたびに、私の禅寺で受けた体験は間違っていなかったと感じます。じつは、その禅寺を訪《たず》ねたのも、まったくの偶然でした。もともとそこには行く予定ではなかったのですが、お昼を食べた店で、たまたま隣り合わせた外国人と話をして、その禅寺のことを知ったのです。

それがなかったら、その禅寺に行くことはなかったでしょう。また、たとえ禅寺のことを知ったとしても、そのあとに予定があれば、行くことはできなかったでしょう。

偶然は必然であるというのは、よくいわれることですが、私が、あのとき禅寺に行くことも、こうして毎年、日本に来ることも、生まれる前から決まっていたことのようにも思います。

前世や過去生を知ることは、自分がどこにリンクしているかを知ることです。

自分がどこにつながっているかを知り、そこで何ができるかを考えることは大切です。

どんなときにでも、あらゆる可能性を選択できる

過去生について、バシャールは面白い見方をしています。

彼は、過去は過去にあるのではなく、過去も現在も未来も、すべては同時並行《へいこう》で起きているとして、それを「パラレル・ワールド（多次元に存在する並行世界）」といっています。

「あなたがこの人生で、あることをしようと決断し、実際にその行動を起こしました。ということは、あなたに可能だったほかの決断、行動はなされなかったことになります。けれども、それらの『なされなかったこと』はほかのパラレル・ワールド、並行

生のなかで、あなたのさまざまなバージョンによって同時に起こっているのです。パラレル・ワールドは無限にあって、体験しうる経験はすべて同時に起こっています。」
（ダリル・アンカ著、大空夢湧子・渡辺雅子訳『バシャール２００６―バシャールが語る魂のブループリント』ヴォイス刊）

「過去・現在・未来は、直接的な時間軸において存在している」というのが一般的で、それは、過去があって、現在があり、その先に未来があると考えられているわけですが、それよりも、バシャールの考え方のほうが真実に近いのではないかと、私は思っています。

すべてのことが、神のマインド（宇宙）のなかで、同時に起きて、同時に存在しているとしたら、私たちは、自分自身を開いていくことさえできれば、神のマインドのなかにあるもの、すべてにアクセスできるようになります。

すべてが同時に存在しているというのは、いまのあなたが生きている人生も、過去に選ばなかった人生も、じつは存在しているということです。

たとえば、一人の女性がいたときに、起業家として生きるか、家庭をもって、それを中心に生きていくか、どちらかを選択しなければならなかったとします。

そして、現実に、どちらかの生き方を選択する、あるいは、まったく違う生き方を選択するということがあって、「いまの自分」がいるわけです。

それをバシャールは、選ばなかった人生も並行して存在している、といっているのです。その並行して存在している世界が、彼のいう「パラレル・ワールド」です。

パラレル・ワールドが、実際に存在するかどうかは問題ではありません。

でも、このパラレル・ワールドを、「自分の可能性」として考えたら、どうでしょうか。

いろいろな可能性があって、その都度、私たちは「選択」してきました。
その選択によって、人生は変わっていきます。

起業家としての生き方もあれば、母親としての生き方もある。
まったく別の生き方もある。
それを選択できるのは、ほかでもない自分であり、そして、その選択肢は無限です。

「いまからでは間に合わない」ということもありません。
大切なのは、どんなときでも、あらゆる可能性が選択できるということです。
可能性は、いつでも、あなたと一緒に、そこに存在しています。

ソウルメイトと出会うということ

過去生から縁のある人を、

「ソウルメイト（soulmate）」＝「魂の伴侶《はんりょ》」「魂の仲間」

といいます。

また、もともと人間は、男女合わせて一つの魂だったものが、男女に分かれて生まれるようになったといわれています。

それで、かつて同じ魂だった男女を、

「ツインソウル（twin souls）」

と呼びます。

第6章
過去生の意味を知る
Read your Story

ソウルメイトもツインソウルも、精神的な深いつながりを感じる人で、そういう人との出会いを求めている人も多いでしょう。

仏教では輪廻転生《りんねてんしょう》が信じられていることもあり、日本人には、過去生やソウルメイト、ツインソウルというのは、もともと受け入れやすい考え方だといえるでしょう。

私は、とても素敵な見方だと思っています。

日本人は、イマジネーションをとても上手に使います。

「過去生」や「ソウルメイト」の考え方も、精神的な豊かさをもたらすものです。けれども、その一方で、自分のマインドをまったく自由にして、大きなビジョンを探求するというのは、苦手なことのようです。

「ソウルメイト」というイメージを描くことで、マインドが軽くなり、波動も上がっていきます。それで幸福感を得るのだとしたら、とても素晴らしいことです。

しかし、それの使い方を間違えてしまう人がいます。

だれかと会ったときに、

「あなたと私はソウルメイト！　特別な関係ですね」

というふうに、イメージを膨《ふく》らませてしまう人です。

そういう人は、「ファンタジー」という色眼鏡《いろめがね》をかけて、相手を見てしまいます。


でも、生身の人間と、ファンタジーの世界でつき合うことはできません。


「この人こそ、私が待っていたソウルメイトだ！」

と思っても、リビングルームを下着姿で歩きまわる姿を見た途端、「ソウルメイト」なんて、どこかに吹き飛んでしまうのです。

第6章
過去生の意味を知る
Read your Story

相手と一緒の時間が増えれば増えるほど、

「こんなはずじゃなかった」

と思うことが起こります。

ことに結婚生活となれば、現実に暮らしていかなければなりません。

イマジネーションの世界だけでは、乗り越えていけないのです。


ソウルメイトと出会うことは、素晴らしいことです。

でも、だからといって、自分の幻想だけを相手に押しつけるのでは、幻滅《げんめつ》していくばかりで、二人の関係を築いていくことはできません。

過去生は過去生として、今世での関係を築いていくことが大切です。

それが運命なら、がんばる必要はない

出会った瞬間に、「なにかピッタリと来る」という人がいるものです。

一緒にいると、うまくいくと感じる相手です。

そういう二人は、一緒にいるべき二人なのです。

一緒にいることが運命であり、その運命は、地上においても、天上においても変わることはありません。二人でともにいることで機能し、ともに成功することができます。これこそがソウルメイトです。


ソウルメイトは男女関係にかぎりません。結婚上のソウルメイトもいれば、友人としてのソウルメイトもいます。魂がマッチしていれば、それがソウルメイトです。
だから私には、男性のソウルメイトもいれば、女性のソウルメイトもいます。
お互いの魂がうまくかみ合って、お互いによい感情をもって、一緒の時間を楽しむことができる。そういう相手を、私は「ソウルメイト」と呼んでいます。

ソウルメイトだから結婚しなければならないということはありません。
結婚のパートナーとは別の、異性の親友がいてもいいわけです。

では、どこでそれを見極めるのか。

一緒にいるべき人であるかどうかの判断は、一緒にいて何が起きるかというのを見るだけでいいのです。

「なんか知らないけれど、いつのまにか一緒になっちゃった」

という関係であれば、それはソウルメイトである可能性が高いです。

けれども、たとえば、相手がすでに結婚をしているとか、あるいは、遠いところに住んでいるとか、二人で会うにも、すごく努力しなければならないという場合には、それは、たぶん一緒にいるべき相手ではないということです。


私のワークショップで伝えていることの一つに、「がんばるのは必要ない」というのがあります。

がんばらないと手に入らないものは、いまのあなたには必要のないこと。

だから、がんばることは必要ないのです。

自分の本当のよい状態を生きていくために、努力する必要はありません。

それが運命であり、運命の流れに乗るということです。

ソウルメイトの存在も、その流れにあるのです。

第7章

自分の運命を信じる

Enjoy your Dream

どうすれば、
自分の運命を信じることができるでしょうか。
奇跡は、だれにも起こせるものでしょうか。

第7章
自分の運命を信じる
Enjoy your Dream

怒りではなく、喜びを選択する

人生は、あなたの選択によって、つくられていく。
このことを本書を通じて、お話ししてきました。

あなたは今日、何を選択しますか？
イライラする仕事でしょうか？
気の合わない人たちとのランチでしょうか？
散らかった部屋に引きこもっていることでしょうか？

「そんなのイヤだ」
それが私の答えです。

怒りではなく、喜びを選択すること。
それが、生まれる前から決まっていた、運命の約束です。

ワクワクする仕事。
気が置けない仲間たちとの時間。
自分が心地よい空間。
自分が「これがいい！」と思うものを選択することです。
それが、あなたの人生になります。
そして、本書で繰り返してきた通り、それには努力は必要ありません。

第7章
自分の運命を信じる
Enjoy your Dream

人生は努力するものだと教えられてきた人は多いでしょう。

勤勉な日本人は、とくに、そうした傾向があるように思います。

努力には、いつも忍耐や我慢が必要でした。

けれども、そうした観念から、もう解《と》き放《はな》たれるときが来たのです。


「大切なものも、もっと大切なもののためには、あきらめなければならない」

そんな考え方がありました。

けれども、

「大切なものも、もっと大切なものも、あきらめなくていい」

そんな生き方もあるのです。


がむしゃらに生きるのではなく、やすらぎに生きるのです。

それが、喜びを選択するということです。

真実に到達するために
嘘をついても、うまくいかない

この人生を生きていくのに大切なことは、自分の信頼を深くすることです。

自分を信じられない人は、不安になったり、不幸になったりしてしまいます。

うまくいかないことを過去生のせいにしたり、ソウルメイトでない人を、ソウルメイトだと信じてしまったりします。


自分の信頼を深くするにはどうすればいいかといえば、答えは簡単です。

ただただ、喜びに従っていくことです。

それに対抗するのは、

「こうしたらうまくいくだろう」

「こういうふうに努力しなければうまくいかない」

と頭で考えて、自分に無理をすることです。

たとえば、

「このイヤな仕事を、イヤイヤ続けている時間を、長く積み重ねれば、そのうちに、好きな仕事に向かうだろう」

と信じていたりします。


私のセミナーに来ていた歯科医で、こんな方がいました。

「先日、ゴルフクラブで数人の方たちと知り合いになって、『こんど一緒にまわりませんか』と誘われたんです。話していて、あまり気の合う人たちじゃないなと思ったのですが、一緒にラウンドをしたら、自分のビジネスに結びつくかもしれないから、つき合うことにしようかと思っているんです」

あなたなら、どうしますか？

その歯科医と同じように、気が合わないと思っている人たちにつき合いますか？

そういうのではうまくいかない、というのが私の考えです。

真実に到達するために嘘をついても、結局はうまくいかないんです。

この歯科医のケースでいうなら、気の合わない人たちと一緒にラウンドしても、よしんば仕事に結びついたとしても、それがうまくいくとはかぎりません。

もともと気が合わない相手なのですから、ちょっとしたことでつまずいたり、トラブルになることもあるかもしれません。

一緒にラウンドするなら、自分の好きな相手としたほうが楽しいでしょう？

好きな人たちと一緒にいれば、そこでビジネスの話も自然に出てくるでしょう。

自分がイヤなこと、いいと思っていないことをしても、うまくいかないわけですが、でも、例外はあります。それをする理由によっては、それが必ずしも悪いことではないということがあるのです。

たとえば、俳優や作家になりたいという人がいたとします。いまは稼ぎが少ない。そのために、ウエイトレスになりました。いまのところは、一時的にウエイトレスをしているわけです。ウエイトレスの仕事は、好きじゃないかもしれません。でも、それで稼いだお金で、演技のクラスや本を書くクラスに出ることができるわけです。その人にとっては、ウエイトレスの仕事は、自分の運命とはいえないものですが、自分の運命をサポートしてくれていることはたしかです。より大きな目的のために、一時的に好きでないことをするのは、自分の大きな運命の一部に含まれます。

地に足をつけて生きるということ

好きなことを仕事にすれば、人生はうまくいくというのは本当です。

だからといって、それを、「イヤなことはしなくていいんだ」と考えてしまうのは間違いです。

女優になりたいと思って、それ以外の仕事をしないというのでは、生活そのものが破綻《はたん》してしまうかもしれません。

夢を追いかけることは素晴らしいことですが、それとは別に、「家賃は払っていかなければならない」という現実的な問題があるわけです。

そして、現実と向き合うことは、けっして悪いことではありません。

…がないのです。

私には　サイキックのガイドをしてくれる人がいるのですが、彼に彼女のことを聞いてみたことがあります。

すると彼はいいました。

「彼女には仕事が必要だよ。労働が必要だ」

彼女には資産があるので、働く必要はありません。

でも、「いまのままフラフラした状態でいるより、仕事に就いたほうが彼女はよほど楽になるよ」ということでした。

お金があることで、霊的に弱くなっているのです。

一方に傾《かたむ》きすぎると、宇宙は、別の一方に振ってくれます。また傾きすぎると、また反対のほうに振ってくれて、そうするうちに真ん中の、バランスがとれるところに来るようになります。
たとえば、その女性であったら、もしも赤ちゃんが生まれたら、その赤ちゃんの面倒を見ることで地に足がつく、ということがあります。

地に足がついているということは、大切です。
精神性を重視する人は、理想の世界を求めます。
そうありたいと願って努力することは、もちろん素晴らしいことです。
しかし、それが強すぎると、現実を見ないようになります。
ファンタジーの世界で、夢ばかり追いかけてしまうのです。
本当の人生を生きる、というところから離れていってしまうのです。

第7章
自分の運命を信じる
Enjoy your Dream

あなたは何をすれば
イキイキできるか

他人の成績と比べられ、自分の価値を評価されることが世の中、当たり前のようになっています。

人生は競争であり、人気コンテストだと、あなたは小さい頃から教えられてきたかもしれません。

生きとし生けるものの「真の目的」は、生まれもった特性を発揮《はっき》することです。

あなたは自分の特性を生かせていますか？

「私の特性って、そんなものはありません」

そんなふうに答える人もいるかもしれませんが、人はみな、「特性」をもって生まれてきました。

「特性」とは、「あなたらしさ」です。

どんなに似たもの同士だとしても、まったく同じ人間というのはいません。

たとえ双子であっても、例外ではありません。


特性を発揮するとは、「自分の感覚」を大切にするということです。


なにかしているときに、「なんとなくイヤな感じ」がすることがあります。

その「していること」が、実際にイヤなことかどうかは、関係ありません。

「私は、そう感じている」ということが大事なのです。

たとえば、「掃除《そうじ》」が嫌いな人もいれば、好きな人もいます。

掃除することは、人によって、あるいは時によっては、イヤなことにもなり、楽しいことにもなるわけです。

実際にどうであるかは問題ではなく、それを自分がどう思うのか、ということです。


自分が好きなこと、いいと思うこと、楽しいこと。

あるいは反対に、イヤなこと、苦手なこと、できれば避けたいこと。

そうしたことを否定する必要はありません。


人は好きなこと、得意なことをしているときにはイキイキするものです。

あなたは、どんなときに、自分がイキイキしていますか?

そうした時間をどれだけ持てるかが、自分を幸せにする鍵になります。

抵抗の声を乗り越えて、前に進む

自分の運命を信じるには、どうすればいいかといえば、「愛の声」に耳を傾けることです。


なにか新しい仕事のチャンスがめぐってきたとします。

新しいことには不安が付きものです。

そんなときに、

「大丈夫、あなたならきっとできる」

と囁《ささや》いてくれるのが「愛の声」です。

けれども、こんな声も聞こえてきます。

「うまくいくはずがない。不満があっても、このままでいるほうがマシ」

これが「恐れの声」です。


「愛の声」と「恐れの声」。

これまで、あなたは、どちらの声に耳を傾けてきましたか？

これから、あなたは、どちらの声に耳を傾けていきますか？


あなたがポジティブな目標を口にしたり、新たな方向へ進もうとするとき、意識の一部に、ネガティブな抵抗を感じることがあるかもしれません。

それが「恐れの声」となって、あなたに囁くのです。

「恐れの声」の正体は、エゴです。

エゴは、あなたを、いまの枠《わく》のなかに押しとどめておこうとしています。

そんなエゴに屈《くっ》しないことです。

それには、声を聞き分けることです。

そこに愛があるか、エゴがそうさせているのかを見極めることです。

もしも、「そこに愛がない」と気づいたとしたら、あなたはもう、自分のなかのエゴを乗り越えています。

そんなあなたに差し出されるのは、「成長」というギフトです。


愛の声はもちろんですが、恐れの声でさえ、私たちの敵ではありません。

その声が、あなたに生きる道を教えてくれます。

いつのまにか、それはあなたの、心からの友人となるでしょう。

その声と向き合うことで、自分の運命を信じ、自分にあるパワーに気づくことができるのです。

おわりに

自分の運命を先送りにしない

運命というのは、どんなかたちになってもOKなのです。

流れのままにいって、ある日突然、家賃を払えなくなったり、あるいは、いままでの努力が報《むく》われて、目の前の道が開けたり、ということが起きても、また流れていく。

どんなふうに生きていても、それが運命だということです。

ヘレン・シャックマンの『奇跡のコース』（ナチュラルスピリット刊）にある文章で、私がよく思い出す一文があります。

「遅れというのは、永遠のなかでは意味をもたない。
けれども、時間という世界のなかでは、遅れは悲劇である」

この文章がいいたいことは、「究極的には、どうでもいいんだ」ということです。

「究極的には、私たちは、いつか神のもとに帰る。
それは、大いなる夢である」

しかし、この「大いなる夢」というのは、生きているときの話です。
夢のなかにいるときに、あなたが自分の運命を先送りにしてしまったら、それは痛みをともないます。

自分の運命に対して、勤勉に、そして正直であること。

そうすると、自分の時間を無駄にしなくて済みます。

そこがとても大切になります。


人生に迷ったとき、私たちには愛が必要です。

その愛は、この世の中に降りてくる神の声。

しかも、思いやりをもって、私たちのハートを癒《い》やし、私たちが自分のホームに戻れるように導いてくれる神の声です。


その神様とは、運命の約束を交《か》わした神様です。

そして、その神様は、ただただ愛の神です。

神は愛であって、それ以外の何ものでもない。

愛でないものは、すべて、私たちがつくってしまったストーリーです。

私たちは、だれもが、そして、つねに、その愛に守られています。
神のハグから漏《も》れてしまう魂は一つもありません。

それを信じることができたら、自分が信じられます。
なぜなら、あなたは神の一面だからです。
神を信じることは、自分を信じることと同じなのです。

私たちは、幸せになるために生まれてきました。

神様と、そう約束してきたのです。
あなたは、ただ、その運命のままに生きればいい。

それが愛に満ちた奇跡の人生を生きる、ということです。

アラン・コーエン

［著者紹介］

アラン・コーエン（Alan Cohen）

アメリカ生まれ。現在ハワイ在住。書籍は25ヶ国で翻訳され、世界中で親しまれており、書籍・ワークショップ・講演などを通して「リラックスが豊かさを引き寄せる」という生き方を提案、読者や参加者にスピリチュアルな気づきを与え続けている。

著名なメンターからも尊敬を集める世界的スピリチュアルリーダーの一人で、『神との対話』の著者ニール・ドナルド・ウォルシュや『聖なる予言』の著者ジェームズ・レッドフィールド、心理学博士のウエイン・W・ダイアー、日本では『ユダヤ人大富豪の教え』の著者である本田健や女優の松雪泰子などからも支持されている。

『人生の答えはいつも私の中にある』（KKベストセラーズ）、『魂の声に気づいたら、もう人生に迷わない』（徳間書店）、『頑張るのをやめると、豊かさはやってくる』（PHP研究所）、『ザ・コンパス「喜び」がすべての指針』（晋遊舎）、『だいじょうぶ、あなたはすべてうまくいく』『今まででいちばんやさしい「奇跡のコース」』『続　今まででいちばんやさしい「奇跡のコース」』（フォレスト出版）など著書の多くが邦訳されており、日本人ファンの心を癒やしている。

毎年行われている来日講演やワークショップでは、参加者の心をオープンにし、スピリチュアルな成長、開花を促すと高い評価を得ている。

ニューヨーク・タイムズのベストセラー・シリーズ『こころのチキン・スープ』の寄稿作家であり、全米のテレビ・ラジオなどにも出演。スピリチュアル系の大手出版社ヘイハウスが主催するHay House Radioで、番組のホストを務めている。

〈アラン・コーエン オフィシャルサイト〉

http://www.alancohen.com/

http://www.alancohen-japan.com/

［訳者紹介］

穴口恵子（あなぐち・けいこ）

スピリアルライフ提唱者、株式会社ダイナビジョン代表取締役。

「スピリチュアルな世界」と「現実」を統合して生きるライフスタイル、スピリアルライフを提唱。目に見える世界と、目に見えない世界の双方を大切にすることで、だれもが無限の可能性を開き、人生のバランスをとりながら幸せで豊かに生きられることを伝えている。

主な著書に、『人生に奇跡を起こす「引き寄せ」の法則』（大和書房）、『インナーチャイルドと仲直りする方法』（ソフトバンククリエイティブ）、『0.1秒で答えがわかる！「直感」のレッスン』（廣済堂出版）などがある。

〈穴口恵子 オフィシャルサイト〉

http://www.keikoanaguchi.com/

運命の約束

生まれる前から決まっていること

2016年4月 1 日　第1刷発行
2016年4月15日　第2刷発行

著　者　アラン・コーエン
訳　者　穴口恵子

発行者　櫻井秀勲
発行所　きずな出版
〒162-0816
東京都新宿区白銀町1-13
電話03-3260-0391
振替00160-2-633551
http://www.kizuna-pub.jp/

ブックデザイン　福田和雄（FUKUDA DESIGN）
編集協力　ウーマンウエーブ
印刷・製本　モリモト印刷

ISBN978-4-907072-57-5

きずな出版

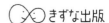

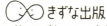